Fernando Carraro

De olho no TRÁFICO HUMANO

Ilustrações: Avelino Guedes

FTD
São Paulo – 2013 – 1ª edição

De olho no tráfico humano – 1ª edição

EDITORA FTD S.A.
Matriz: Rua Rui Barbosa, 156 – Bela Vista – São Paulo – SP
CEP 01326-010 – Tel. (0-XX-11) 3598-6000
Caixa Postal 65149 – CEP da Caixa Postal 01390-970
Internet: <www.ftd.com.br>
E-mail: ciencias.naturais@ftd.com.br

Diretora editorial Silmara Sapiense Vespasiano
Editora Débora Lima
Editora adjunta Luciana Guimarães
Editoras assistentes Liege M. S. Marucci, Luiza Sato
Assistentes de produção Ana Paula Iazzetto, Lilia Pires
Assistentes editoriais Claudia C. Sandoval, Silvia Elena de Souza
Preparadoras Claudia Yumiko Anazawa, Edna Viana, Eliza Hitomi Yamane, Fernanda Rodrigues, Lucila Vrublevicius Segóvia, Márcia Aparecida F. Anjo, Marta Lúcia Tasso, Sônia Rodrigues Cervantes
Revisores Carolina Manley, Célia R. N. Camargo, Enymilia Guimarães, Fernando Cardoso, Rita Lopes, Sirlei S. Panochia, Solange Pereira
Coordenador de produção editorial Caio Leandro Rios
Editor de arte Roque Michel Jr.
Projeto gráfico e diagramação Edgar Sgai
Ilustrações de capa e miolo Avelino Guedes
Iconografia
Supervisora Célia Rosa
Pesquisadora Letícia Palaria
Gerente executivo do parque gráfico Reginaldo Soares Damasceno

Dados Internacionais de Catalogação na Publicação (CIP)
(Câmara Brasileira do Livro, SP, Brasil)

Carraro, Fernando
De olho no tráfico humano / Fernando Carraro ; ilustrações Avelino Guedes. – 1. ed. – São Paulo : FTD, 2013.

Bibliografia
ISBN 978-85-322-8587-4

1. Ciências (Ensino fundamental) 2. Saúde
I. Guedes, Avelino. II. Título.

13-05506 CDD-372.35

Índices para catálogo sistemático:
1, Ciências : Ensino fundamental 372.35

Para crianças, jovens e adultos vítimas do tráfico de pessoas.
Para todos – ONGs, voluntários e agentes do governo – que se dedicam a combater esse crime abominável e desumano.

"A liberdade é dura como o diamante e delicada como a flor do pessegueiro."

Gandhi

SUMÁRIO

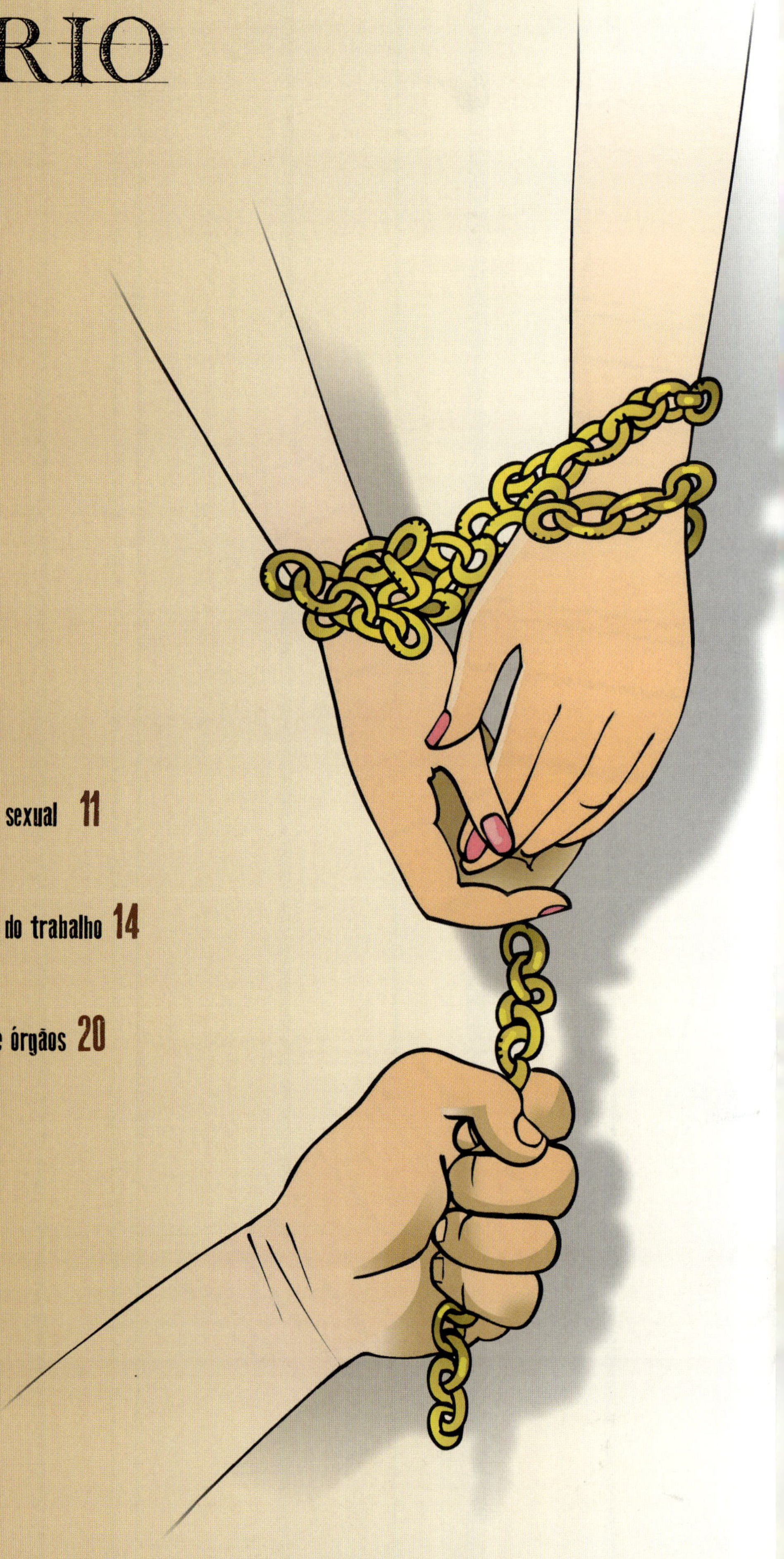

1. PARA COMEÇO DE CONVERSA

Tudo começou quando o professor Edson, um dos favoritos dos alunos de uma escola de Ensino Fundamental, assistiu na casa de uns amigos a alguns vídeos com relatos de pessoas vítimas de tráfico humano. Fortes emoções invadiram o coração das pessoas naquela sala! Ninguém conseguia segurar as lágrimas, tanto de tristeza como de indignação.

Comovido demais com a situação trágica e de extremo desespero das pessoas vítimas de tráfico humano, o professor Edson, desde aquele dia, passou a analisar de que maneira poderia dar sua contribuição a fim de mudar esse quadro tenebroso. Enfim, encontrou uma forma de ajudar a combatê-lo: decidiu usar a própria ferramenta de trabalho – sua profissão de professor – e desafiar seus jovens alunos a enfrentarem a questão "pesada" do tráfico humano com ações possíveis e realizáveis.

Esse inquietante tema, foco da preocupação do professor, é de fato muito sério, porque o tráfico humano é uma das atividades ilícitas que mais crescem no mundo. A principal razão é a situação econômica difícil em que grande parte da população mundial se encontra. Homens e mulheres, além de muitas crianças, ao buscar melhores condições de vida, muitas vezes acabam caindo em ciladas que podem lhes custar até a vida.

A Constituição brasileira assegura a todas as crianças e aos adolescentes o direito de uma existência saudável e segura, garantido pela família, pela sociedade e pelo Estado.

[...]

É dever da família, da sociedade e do Estado assegurar à criança, ao adolescente e ao jovem, com absoluta prioridade, o direito à vida, à saúde, à alimentação, à educação, ao lazer, à profissionalização, à cultura, à dignidade, ao respeito, à liberdade e à convivência familiar e comunitária, além de colocá-los a salvo de toda forma de negligência, discriminação, exploração, violência, crueldade e opressão.

[...]

Redação dada pela Emenda Constitucional n. 65, de 2010, ao artigo 227 da Constituição Federal, de 1988.

[...]

Segundo o artigo 149 do Código Penal Brasileiro, é crime, passível de dois a oito anos de reclusão, "reduzir alguém a condição análoga à de escravo, quer submetendo-o a trabalhos forçados ou a jornada exaustiva, quer sujeitando-o a condições degradantes de trabalho, quer restringindo, por qualquer meio, sua locomoção em razão de dívida contraída com o empregador ou preposto".

[...]

Redação dada pela Lei n. 10.803, de 11 dez. 2003, ao artigo 227 da Constituição Federal, de 1988.

2. UM TEMA CHOCANTE

Presidência do Conselho de Ministros, Portugal

Cartaz veiculado em campanha da Comissão para a Cidadania e Igualdade de Gênero; Lisboa, Portugal, contra o tráfico humano.

Reunindo o material disponível sobre o assunto, o professor Edson começou a trabalhar o tema proposto. Ao conversar com os alunos na classe, apresentava as leis disponíveis para o combate ao tráfico humano. Entretanto, procurava sempre conscientizar os jovens de que um "mundo melhor" não se consegue apenas com a criação de leis, mas precisa ser construído por todos. É necessário trabalhar muito, usando todos os recursos para que essa realidade se concretize.

Os alunos, já interessados, questionavam animados: "O que podemos fazer?".

O professor Edson continuou orientando os alunos nas aulas que se seguiram. Mostrou que, antes de tudo, é preciso obter o maior número de informações possível. Saber o que acontece em nosso país e no mundo.

"Mas como é o tráfico humano no Brasil? E em nossa cidade?" Foram dúvidas que os alunos tiveram.

De acordo com pesquisa do Centro de Referência, Estudos e Ações sobre Crianças e Adolescentes (Cecria), existem 241 rotas de tráfico humano que passam pelo Brasil, distribuídas por todas as regiões, segundo mostra o gráfico a seguir.

ROTAS DE TRÁFICO DE PESSOAS

Fonte: *Rede Brasil Atual*. Pesquisa do Cecria, de 2002, publicada em 13 jul. 2012.

A pesquisa constata, ainda, que o estado de Goiás se destaca nessa triste estatística, sendo Goiânia a cidade brasileira com o maior número de casos de tráfico humano. Ceará, São Paulo e Rio de Janeiro também merecem atenção redobrada, pois são estados localizados em rotas estratégicas para o tráfico de pessoas.

E a situação global? Não é melhor.

Com todas essas informações em mãos, para uma ação mais concreta era preciso organização e planejamento. Para tanto, o professor Edson sugeriu aos jovens um jeito interessante de se engajar na causa proposta, que começaria com a realização das atividades favoritas de cada um. Assim, quem gostasse de escrever poderia escrever à vontade. Quem gostasse de conversar na internet deveria fazê-lo. Quem tivesse vontade de entrar para um grupo e realizar ações mais efetivas deveria procurar uma ONG. Quem gostasse de dar aulas deveria ensinar sobre o tema. Só não valia ficar de braços cruzados!

> [...] Segundo dados da Organização Internacional do Trabalho, quase 1 milhão de pessoas são traficadas no mundo anualmente com a finalidade de exploração sexual, sendo que 98% são mulheres.
>
> O tráfico chega a movimentar 32 bilhões de dólares por ano, sendo apontado como uma das atividades criminosas mais lucrativas. [...]
>
> Plano nacional de enfrentamento ao tráfico de pessoas. Secretaria Nacional de Justiça. Brasília: SNJ, 2008. p. 5.

3. O DESAFIO DE FAZER PROJETOS

A cada passo da apresentação do assunto, os alunos ficavam mais interessados e mais envolvidos, a ponto de todos terem propostas diversas para atuar contra o tráfico de pessoas. As ideias fervilhavam!

Depois de muita discussão em classe, os alunos finalmente se organizaram em três grupos e decidiram trabalhar nos temas a seguir.

Grupo 1 Tráfico humano para exploração sexual

Grupo 2 Tráfico humano para exploração do trabalho

Grupo 3 Tráfico humano para remoção de órgãos

Algumas semanas depois, as equipes de alunos, tendo já se preparado em casa e trabalhado em suas propostas, estavam prontas para apresentar seus projetos para os colegas. O professor Edson marcou os dias das apresentações, que começaram na primeira semana do mês.

Um dos mais animados com a proposta de atividade do professor Edson era Túlio, um jovem de 15 anos com verdadeira paixão por ler e escrever.

Para registrar suas ideias e fazer comentários, Túlio criou um *blog*, uma página pessoal na internet que ele atualiza sempre. Ali ele pode contar o que pensa sobre assuntos que considera interessantes.

Blog do Túlio

www.blog-do-tulio.com.br

Favoritos

Blog do Túlio

Página inicial | Mapa do site | RSS | Imprimir

- Página inicial
- Sobre o Túlio
- Notícias
- Galeria de fotos
- Livro de visitas

Pesquisar no site

Contato

Blog do Túlio

Etiquetas

A lista de etiquetas está vazia.

Domingo, 10 de março de 2013

Às vezes, nos fins de semana, vou ao *shopping* com meus amigos. Nem me importo com os comentários de que eu sou "intelectual" demais ou "cabeça" demais. Enquanto eles olham vitrines e escolhem novos jogos (o que também é legal!), eu aproveito para ir à livraria. Ler é um dos meus passatempos preferidos.

Os livros exercem uma atração incrível sobre mim desde criança. Capas coloridas, brilhantes e títulos enigmáticos misturados ao cheiro do papel e da tinta sempre enchem meus olhos e me conquistam! Se eu pudesse, compraria todos os livros do mundo e os devoraria um a um, como se devora o mais apetitoso doce.

Na capa dos livros, um detalhe que me chama a atenção é o nome do autor. Ah, o autor... Como será essa pessoa misteriosa de quem pouco sabemos? Na minha imaginação, mantenho conversas animadas com os autores dos livros que leio, tiro fotos ao lado deles e satisfaço a minha curiosidade fazendo um monte de perguntas.

Na realidade, deve ser interessante descobrir o que se passa na cabeça de um escritor, de alguém que trabalha com a imaginação das pessoas, que semeia sonhos e que faz sonhar. Saber como vive, quando e como escreve, de onde tira as suas ideias, em que momento se descobriu operário da palavra.

Esses pensamentos povoavam a minha mente, enquanto eu folheava com ansiedade as páginas, ora de um, ora de outro livro da estante, antes de terminar o meu passeio literário. De tão entretido, nem senti o tempo passar. Só caí na real quando meus amigos me chamaram, dizendo que estava na hora de ir embora.

De vez em quando, gosto "de me dar um livro de presente". Desta vez, resolvi comprar um livro sobre um assunto que estamos discutindo nas aulas, um tema bem triste, mas infelizmente atual: o tráfico humano.

Do *shopping* para casa, peguei carona com o pai de um de meus amigos. Ao entrar no carro, não aguentei de curiosidade e comecei a folhear o livro, ansioso para descobrir exatamente do que ele tratava.

Quando cheguei em casa, corri para o meu quarto e comecei a ler, com mais concentração, a minha mais nova aquisição. Li sem parar, num fôlego só!

As histórias marcantes do livro, chamado *Tráfico de pessoas**, ficaram gravadas em minha mente.

Postagens mais antigas | Postagens atuais

*Nota do editor: o livro é fictício.

4. O PROJETO DO GRUPO 1: TRÁFICO HUMANO PARA EXPLORAÇÃO SEXUAL

Túlio e os demais participantes de seu grupo iniciaram a apresentação do projeto, lendo textos sobre pessoas envolvidas no tráfico sexual.

O grupo dividiu a leitura em duas seções: um texto com a fala de um traficante e outro com relatos de mulheres sequestradas. Cada texto foi lido por um membro da equipe.

No mundo todo, o tráfico humano vem se tornando um grande pesadelo e um crime a ser combatido. Vocês ouvirão alguns casos de pessoas envolvidas nesse tráfico, histórias reais retiradas de artigos.

[...]

Em uma favela de Calcutá, um homem que vende meninas para viver fala sem remorsos sobre esse comércio, sob condição de anonimato.

"A demanda está aumentando, o que tem me permitido ganhar muito dinheiro. Já comprei três casas em Nova Déli", diz. "Tenho homens que trabalham para mim. Dizemos aos pais das meninas que vamos encontrar empregos para elas em Nova Déli, então as levamos para as agências. O que acontece depois disso não é da minha conta."

BurhaanKinu/Demotix/Corbis/Latinstock

Jovem indiana em manifestação organizada pela Associação de Parentes de Pessoas Desaparecidas (APDP). A faixa em sua cabeça apresenta os dizeres "parem os desaparecimentos". Kashmir, Índia, 2011.

O traficante conta que sequestra e vende de 150 a 200 meninas por ano, com idades entre 10 e 17 anos. Com a venda de cada menina, consegue cerca de 55 mil rúpias (R$ 2.049). O apoio de alguns políticos locais e da polícia, segundo ele, são cruciais para a continuidade do negócio.

"A polícia está bem consciente do que fazemos. Subornamos policiais em cada Estado – Calcutá, Nova Déli e Haryana", afirma o traficante. "Já tive problemas com as autoridades, mas não tenho medo – se for para a cadeia, tenho dinheiro para pagar suborno e garantir minha saída."

O chefe da Unidade de Investigação Criminal encarregada das operações contra o tráfico humano em Bengali Ocidental, Shankar Chakraborty, reconhece o problema da corrupção policial, mas diz que ao menos sua unidade está totalmente empenhada em combater o sequestro de meninas na região.

[...]

Natalia Antelava. Caso de estupro expõe drama de meninas sequestradas na Índia. BBC Brasil, UOL Notícias. Extraído do *site*: <http://noticias.uol.com.br/ultimas-noticias/bbc/2013/01/09/caso-de-estupro-expoe-drama-de-meninas-sequestradas-na-india.htm>. Acesso em: 18 jan. 2013.

Escolhemos também mostrar o trabalho de uma ONG sediada em Belém, capital do Pará.

Os relatos verdadeiros de situações vivenciadas por mulheres como escravas foram organizados pela ONG em um livro denominado *Mulheres em movimento.*

Os nomes das 11 mulheres entrevistadas na produção desse livro foram mudados para nomes de pedras preciosas.

Vamos agora ouvir alguns depoimentos de mulheres vítimas do tráfico de pessoas que constam nesse livro e foram utilizados em uma reportagem da revista *Carta Capital.*

Esses relatos, além de terapêuticos para essas mulheres sofridas, são material de discussão para o II Plano Nacional de Enfrentamento ao Tráfico de Pessoas, elaborado em Brasília.

[...]

Cristal era babá no Suriname, mas fugiu depois de três meses de trabalho escravo; Ametista trabalhava de forma ilegal na Alemanha e na Holanda, também como babá, mas um acidente a obrigou a voltar para o Brasil; Diamante trabalhou de forma ilegal num restaurante em Portugal e foi expulsa do país. "Depois de três anos procurando trabalho, eu consegui uma vaga em um restaurante. Já ia me legalizar. Mas antes disso acontecer, acabei sendo deportada, presa e humilhada", conta Diamante.

Ágatha, de 30 anos, relembra sua experiência na Espanha: "Chegando lá, fui recebida por um homem que me levou para o clube em Ribadeo e lá eu fiquei durante três meses, sem poder sair, pagando uma dívida de passagem que não tinha fim. [...]

No Suriname, Jade, de 26 anos – e cinco filhos – teve que fugir do clube onde trabalhava para se livrar dos aliciadores. Passou dois anos vivendo na rua e só voltou ao seu país com a ajuda do consulado brasileiro. "Consegui voltar para casa, trazendo meu filho mais novo. Não sei ler e escrever e gostaria de aprender", conta.

[...]

Stijntje Blankendaal. O duro caminho de volta. *Carta Capital*. São Paulo, 21 set. 2011.
Extraído do *site*: <www.cartacapital.com.br/politica/o-duro-caminho-de-volta/>. Acesso em: 21 jan. 2013.

Depois dessa introdução, com uma visão geral do que acontece no mundo do tráfico de pessoas para exploração sexual, Túlio explica à turma o desejo dele e dos colegas de grupo de contribuírem para o fim do tráfico humano. A ideia deles foi criar um novo *blog* sobre o assunto, que poderia ser enriquecido com informações por todos os interessados.

Como Túlio tinha um *blog* pessoal e gostava muito de escrever, ele se ofereceu para abrir e administrar o *blog* do grupo.

Avisou que os textos da apresentação feita em classe estariam postados na íntegra no novo *blog*.

5. O PROJETO DO GRUPO 2: TRÁFICO HUMANO PARA EXPLORAÇÃO DO TRABALHO

Abrimos nosso trabalho com a frase de uma médica, doutora em Nutrição e professora adjunta da Faculdade de Ciências Médicas do Rio de Janeiro (FCM/UERJ), Evelyn Eisenstein, em um artigo sobre o tráfico humano.

O CORPO HUMANO NÃO ESTÁ À VENDA NEM É MERCADORIA OU OBJETO A SER POSSUÍDO POR NINGUÉM!

Todos os artigos que vamos citar aqui estarão no mural da classe e também no novo *blog* coordenado pelo Túlio. No *blog* estarão disponíveis os *links* para as imagens sobre tráfico humano para exploração do trabalho.

O tráfico de crianças e adolescentes para exploração do trabalho é um tema mundial e envolve a participação de vários segmentos da sociedade. Discutida globalmente em um encontro realizado em Viena, em fevereiro de 2008, a questão do tráfico humano para exploração do trabalho de adultos e especialmente de crianças e adolescentes continua em aberto e precisa de atenção redobrada da sociedade e dos governantes.

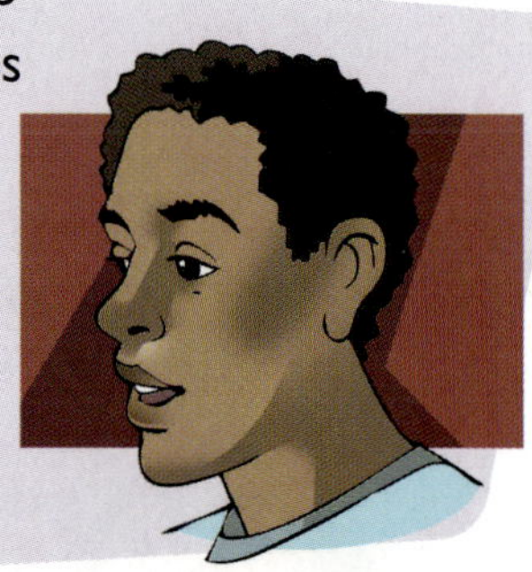

No Brasil, o tráfico para exploração do trabalho tem sido denunciado e combatido, mas ainda há muito que fazer. Este texto que vou ler mostra apenas um desses casos de denúncia.

[...]

Sete crianças e adolescentes – com idades entre 7 e 15 anos – e 13 adultos foram libertados de condições análogas à escravidão de uma plantação de tomate pela Gerência Regional do Trabalho (GRTE) de São Carlos (SP), no interior do Estado de São Paulo. [...].

As casas utilizadas como alojamento estavam em estado precário. Algumas não tinham telhados nem portas, com a fiação exposta. "A situação das casas era terrível. Nós interditamos os locais por causa do risco que ofereciam às famílias", conta Antônio Valério Morillas Júnior, que chefia a GRTE de São Carlos (SP) e coordenou a operação. Não havia água potável, somente da torneira, sem passar por qualquer processo de filtração. A jornada de trabalho era exaustiva e se estendia até por 10 h diárias. Camas estavam montadas em cima de caixotes de tomates. A água do banho era fria.

[...]

Bianca Pyl. Crianças são libertadas de trabalho escravo em São Carlos. ONG Repórter Brasil. Extraído do *site*: <http://reporterbrasil.org.br/imprimir.php?id=1954&escravo=1>. Acesso em: 30 jan. 2013.

[...]

Principais dados

As investigações demonstram que a questão do trabalho escravo está diretamente atrelada à impunidade, à pouca oferta de emprego, às condições de isolamento geográfico em que se dá a exploração do trabalho e à ausência de ingerência do Estado [...]. A maior incidência dos casos no país ocorre na área rural (60% com atividade pecuária) e se aproxima do que se convencionou chamar de servidão por dívida [...].

O perfil das pessoas aliciadas para fins de trabalho escravo, no Brasil, é de homens na faixa etária dos 21 aos 40 anos, com baixa escolaridade, predominantemente da zona rural. O histórico dos trabalhadores resgatados revela que um grande número iniciou precocemente sua vida laboral. Os dados indicam que 80% começaram a trabalhar com idade que não ultrapassa os 12 anos. O segmento social mais vulnerável ao trabalho escravo é composto, portanto, de pessoas que, via de regra, já experimentaram o trabalho infantil [...].

Ana Luiza Fauzina e outros. *Manual de capacitação sobre enfrentamento ao tráfico de pessoas*. Brasília: OIT, 2009. p. 30.

Agora você vai ver imagens impressionantes e tristes do tráfico humano. Queremos chamar a sua atenção para um problema tão grave que muitos vivenciam, que é a escravidão para o trabalho.

Imagens do trabalho escravo

Confira imagens das condições degradantes a que brasileiros têm sido submetidos no país em um período de mais de 10 anos.

Leonardo Sakamoto/Repórter Brasil

Crianças de 13 e 14 anos resgatadas por grupo móvel de fiscalização.

Leonardo Sakamoto/Repórter Brasil

Água utilizada por trabalhadores resgatados.

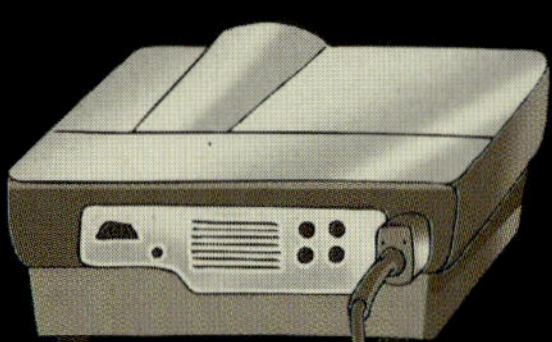

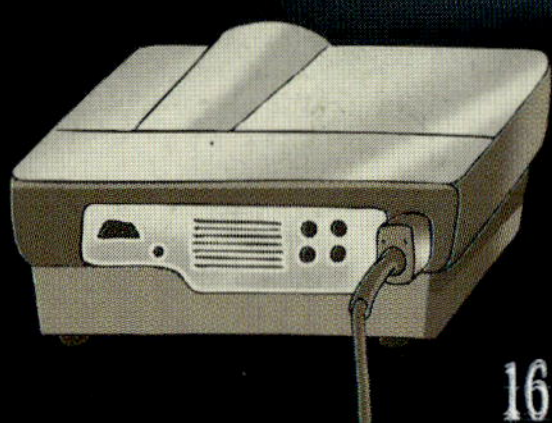

Luiz Tito/Ag. A Tarde/Folhapress

Ação de libertação do governo federal.

Leonardo Sakamoto/Repórter Brasil

Mão de trabalhador machucada pelo trabalho e água poluída que ele consumia.

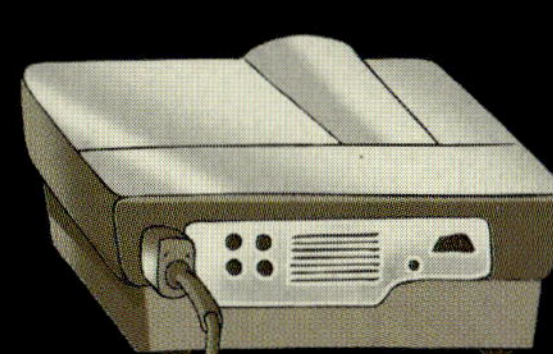

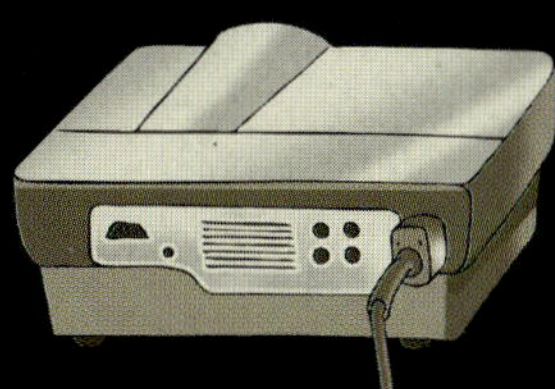

Motosserra usada para desmatamento em propriedade flagrada praticando trabalho escravo.

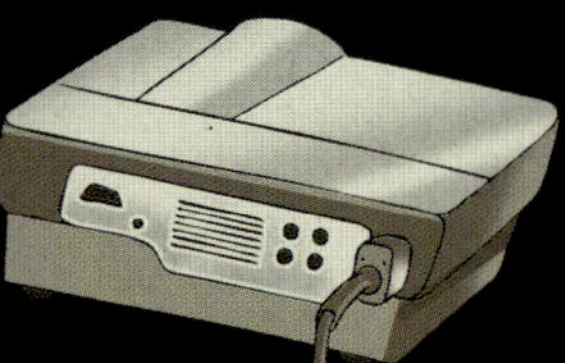

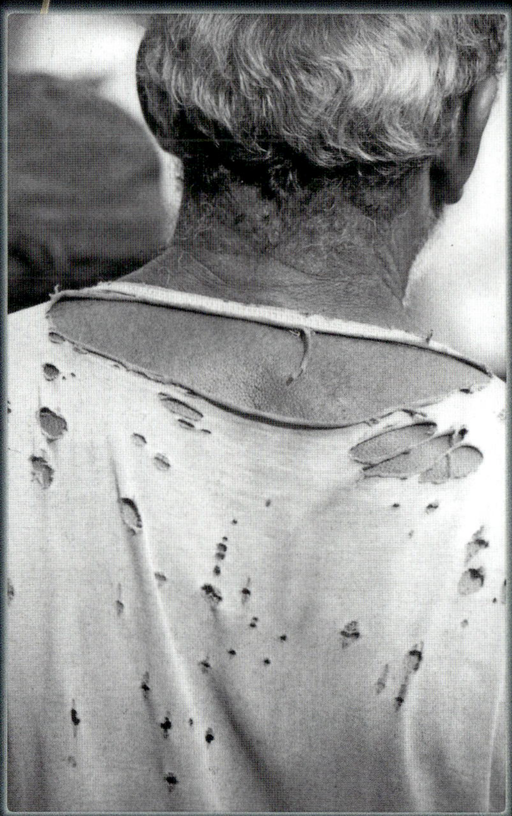

Trabalhador resgatado em fazenda de gado.

Fotos: Leonardo Sakamoto/Repórter Brasil

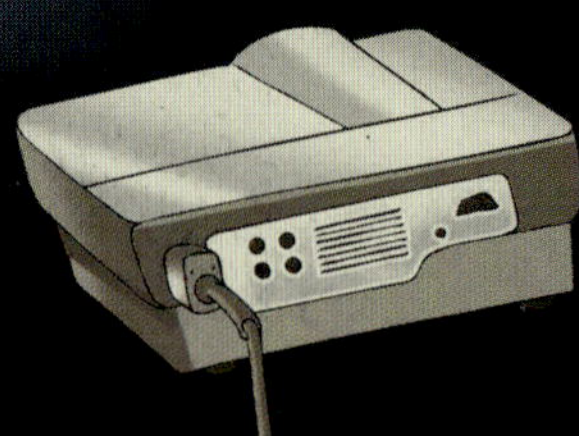

Barraca onde trabalhadores estavam alojados.

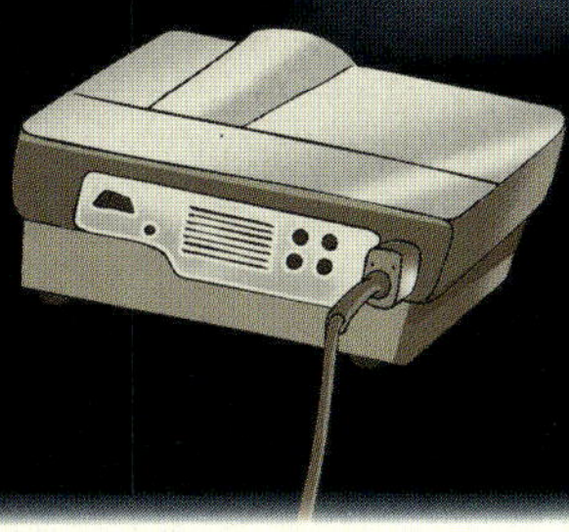

Caderno em que eram anotadas as despesas do trabalhador: "eternas" dívidas que o mantinham preso ao trabalho escravo.

Fotos: Leonardo Sakamoto/Repórter Brasil

Em seguida, ainda sob o impacto das imagens, foi realizado um debate sobre o tema com toda a classe. Depois de acaloradas discussões, o grupo fez um resumo final das conclusões de todos, que seria colocado no *blog* "De olho no tráfico humano".

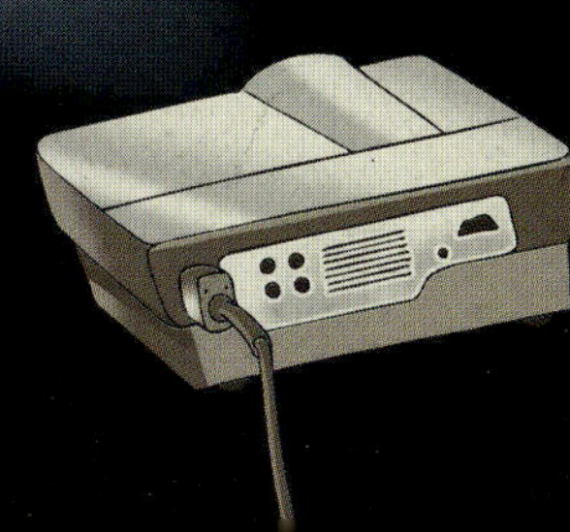

6. O PROJETO DO GRUPO 3: TRÁFICO HUMANO PARA REMOÇÃO DE ÓRGÃOS

O professor Edson fez uma breve introdução do tema. Projetou no telão um mapa com dados chocantes, mostrando de que forma é praticado, no mundo todo, o tráfico de órgãos.

Explicou também que, segundo a Organização Mundial da Saúde (OMS), o tráfico de órgãos é hoje uma das atividades ilícitas mais lucrativas do mundo e representa até 10% de todo o tráfico mundial.

Mario Yoshida

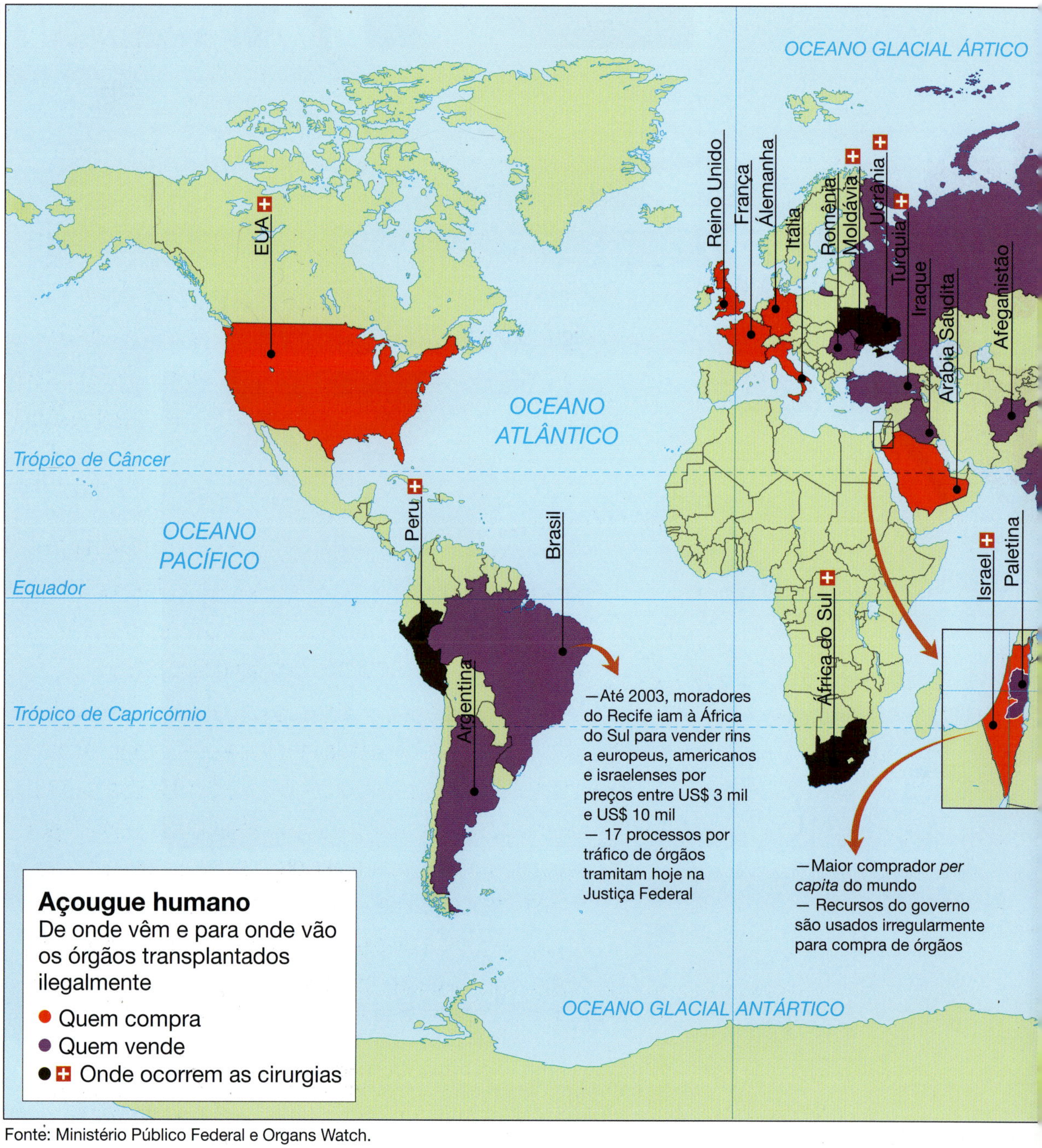

Fonte: Ministério Público Federal e Organs Watch.

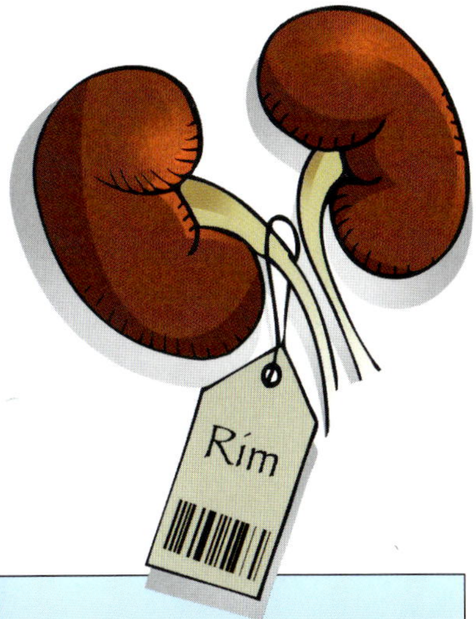

O professor Edson projetou no telão, entre outras, imagens de órgãos humanos com etiquetas de preço, o que provocou indignação em todos os presentes.

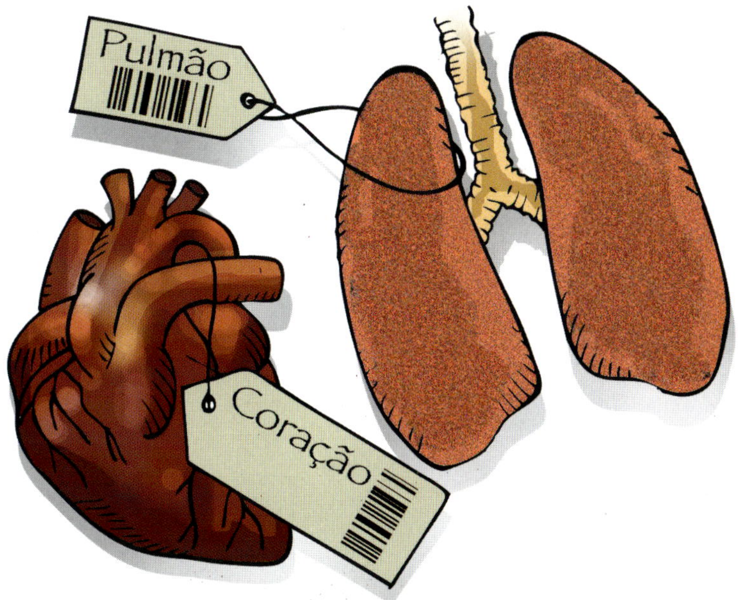

A seguir leu para a classe um trecho do artigo "O tráfico de órgãos no Brasil", de Hélio Bicudo, presidente da Fundação Interamericana de Defesa dos Direitos Humanos (FIDDH) desde 2003.

> [...]
>
> A esse propósito, de acordo com relatório da Organização das Nações Unidas, de cinco a dez por cento dos cerca de 68 mil transplantes anuais de rins realizados no mundo decorrem de ações criminosas.
>
> Nesse mesmo relatório, a ONU chamou a atenção para a existência de uma prática assustadora: o "turismo do transplante", onde pessoas ricas dos países desenvolvidos viajam para os países mais pobres do segundo mundo para obter órgãos. No Brasil, além de outros "mecanismos", pessoas humildes cedem seus órgãos em troca de dinheiro, emprego, habitação ou de outras necessidades básicas.
>
> [...]

Hélio Bicudo. O tráfico de órgãos no Brasil. Extraído do *site*: <http://helio-bicudo.blogspot.com.br/2010/04/o-trafico-de-orgaos-no-brasil.html>. Acesso em: 13 fev. 2013.

Os integrantes do grupo que escolheu o tema *Tráfico humano para remoção de órgãos* propuseram a realização de uma pesquisa para descobrir que informações e opiniões as pessoas têm sobre esse tipo de tráfico e verificar até que ponto esse crime é conhecido ou não pela população em geral.

O professor Edson achou a proposta muito interessante e incentivou o grupo a fazer o trabalho. Para facilitar a pesquisa e o acesso aos entrevistados, ele sugeriu que o grupo limitasse o trabalho aos arredores da escola.

Assim, os alunos prepararam um questionário, com perguntas básicas sobre o tema. Enquanto isso, alguns membros do grupo mapearam locais próximos à escola adequados para as visitas.

No dia seguinte, pronto o questionário e finalizado o mapa dos locais escolhidos, a pesquisa de campo começou. Vários alunos, organizados em grupos de três, saíram às ruas próximas, acompanhados por professores da escola.

Na volta, para finalizar a atividade, o professor Edson orientou o grupo sobre como elaborar gráficos, esquemas e tabelas, a fim de reunir e organizar as informações colhidas.

No dia seguinte, o grupo projetou no telão da classe os números da pesquisa, já organizados. A conclusão final da contagem foi interessante: a população local, de modo geral, não sabia direito do que se tratava o tráfico humano.

O projeto não acabou aí! Os alunos queriam divulgar às pessoas do bairro o que tinham aprendido.

Melhor folheto para a prevenção do tráfico humano

Uma ideia brilhante logo surgiu: uma das alunas sugeriu a criação de um folheto, para ser distribuído na vizinhança da escola, com informações úteis sobre o tráfico humano. Outro aluno, para complementar, propôs a organização de um concurso para a escolha do melhor folheto, que deveria trazer números de telefone úteis para a denúncia de delitos.

Aceitas as sugestões, a classe inteira foi desafiada a trabalhar até a última apresentação dos projetos das equipes. Cada aluno deveria elaborar, em casa, um folheto bem interessante. O melhor seria escolhido por uma comissão de professores e orientadores pedagógicos da escola. Assim cada um colocou a criatividade para funcionar.

Finalmente chegou o dia do esperado acontecimento: a decisão final com a escolha do melhor folheto por um júri de quatro professores, dois orientadores pedagógicos e o diretor da escola.

A direção levou bem a sério sua tarefa! Não só organizou um momento especial, separando uma tarde das aulas para a eleição do melhor folheto, como também realizou a votação em público, no auditório da escola. O evento foi bem concorrido.

Todos na escola estavam ansiosos e curiosos para saber qual seria o folheto eleito. Veja só qual foi.

7. EPÍLOGO: "AGIR É ACREDITAR"

O trabalho de incentivo à participação dos alunos na campanha contra o tráfico de pessoas teve muito mais sucesso do que o professor Edson imaginava e repercutiu na escola de modo espetacular.

Muitos alunos decidiram se engajar de forma mais participativa na restauração de vidas afetadas pelo tráfico humano.

Túlio e vários de seus colegas, inclusive de outros anos do Ensino Fundamental, continuaram, com a orientação do professor Edson, o *blog* De olho no tráfico humano.

Leia dois relatos emocionantes que Túlio postou no novo *blog*.

De olho no tráfico humano

Blog

http://www.deolhonotraficohumano.com.br

Favoritos

- Página inicial
- Sobre o blog
- Notícias
- Galeria de fotos
- Livro de visitas

Pesquisar no site

Página inicial | Mapa do site | RSS | Imprimir

A HISTÓRIA DE BERENICE*

Meu nome é Berenice. Durante o Ensino Médio, quando morava com meus pais, trabalhava de dia numa indústria de alimentos e, à noite, frequentava a escola.

* Nota do editor: a história é fictícia.

Contato

De olho no tráfico humano

Etiquetas

Foi quando comecei um novo namoro com um rapaz que era um gato. Como estava muito ocupada com o trabalho e os estudos, só podíamos nos encontrar nos fins de semana para namorar. Aborrecido com essa situação, meu namorado, que não estudava, forçou-me a abandonar a escola para que ficássemos mais tempo juntos. Apesar de eu insistir com ele que estudar era muito importante, ele reagiu dizendo que me deixaria, caso eu não fizesse o que ele pedia. Na dúvida, como eu gostava muito dele, acabei cedendo.

Meus pais ficaram superchateados, e os professores simplesmente indignados com a minha atitude.

Depois de dois meses de namoro, descobri que estava grávida.

A primeira pessoa que procurei para dar a notícia, lógico, foi o meu namorado. Logo que soube do acontecido, ele foi indiferente e me abandonou dizendo que eu me virasse.

Lembrei na hora que uma das orientações da professora de Biologia era que deveríamos contar tudo aos nossos pais. Algumas amigas também me diziam a mesma coisa. Mas eu estava tão apavorada e com tanto medo que não tive coragem. Eles não mereciam tamanho desgosto de uma filha que eles tanto amavam.

No momento, a única ideia que me passava pela mente era a de fugir de casa. E foi o que eu fiz. Saí de casa com apenas algumas peças de roupa dentro de uma mochila e um pouco de dinheiro que eu tinha conseguido economizar. Fui à rodoviária e tomei um ônibus.

Com o tempo minha barriga foi crescendo. Numa ocasião, enquanto eu andava pela cidade, uma senhora se aproximou e começou a conversar comigo fazendo um monte de perguntas. Depois de saber da minha história, mostrando-se compadecida, convidou-me para morar com ela. Como o meu dinheiro já estava no fim, aceitei o convite acreditando na sua boa-fé.

A cilada de um convite

Com o tempo eu descobri que a verdadeira intenção dessa senhora não era me ajudar, mas sim vender a criança logo que nascesse. Ela me convenceu que, agindo assim, além de ganhar um bom dinheiro, eu estaria garantindo o futuro do meu filho. E que eu ficasse tranquila porque ela já havia feito isso outras vezes.

Próximo da hora de o bebê nascer fui levada para um hospital. Quis saber como seria a venda do bebê. A mulher me respondeu que já estava tudo combinado com as pessoas que faziam parte do esquema.

Pedi que me mostrassem o bebê antes que o levassem. No momento em que o colocaram nos meus braços eu chorei ao ver seu rostinho lindo e parecido com o meu. Beijei-o várias vezes e apertando-o contra o meu peito pedi que me perdoasse por ter tomado aquela decisão. Chorei muito com o pensamento de que nunca mais o veria. Em seguida o levaram. A única coisa que me restava era rezar para que fosse feliz na família que o receberia. Hoje tenho consciência de que fiz a pior coisa do mundo que uma mãe poderia fazer.

De volta para casa

Depois de três dias tive alta do hospital e voltei para a casa da senhora que me abrigara. Perguntei pela criança. Respondeu-me que já a tinham levado e que seria muito bem cuidada e amada por uma família estrangeira que não conseguia ter filhos. E disse que logo que me sentisse melhor deveria voltar para minha casa. Foi o que eu fiz. Foi bom eu ter voltado, pois meus pais estavam por demais chocados com o meu estranho sumiço. Coitados. Só não avisaram a polícia nem foram atrás de mim porque lhes enviei cartas dizendo que estava bem. Mas não foi fácil convencê-los da minha fuga com minhas mentiras esfarrapadas. Quando perguntaram onde eu conseguira aquele dinheiro que trazia comigo, disse que eu havia trabalhado muito para juntá-lo. Aos poucos minha vida foi voltando à rotina de sempre sem que ninguém tocasse mais no assunto.

Algum tempo depois, fui procurada pelo meu namorado. Ele quis saber da criança. Eu disse simplesmente que a havia perdido por causa de uma hemorragia. Mais aliviado, perguntou se eu queria retomar o namoro. Respondi que não. Eu não queria mais saber de alguém que havia me abandonado no momento que eu mais precisava. Além do mais, eu fiquei tão traumatizada que afastei de uma vez por todas a hipótese de vir a me casar.

Eu me consolava lembrando o tempo todo do meu filho. Ficava imaginando que nome teriam dado a ele, em que país estaria vivendo, como seria sua família. Um pensamento volta e meia me vinha à mente: será que um dia ele acabaria descobrindo que aqueles não eram os seus pais biológicos? Caso isso acontecesse, será que teria interesse e curiosidade em saber quem eram seus verdadeiros pais? E, se os descobrisse e viesse a encontrá-los, qual seria a sua reação?

Os anos passaram, e eu já o imaginava muito bonitinho, de uniforme e com uma mochilinha nas costas indo à escola. Que língua ele estaria falando? Como nos comunicaríamos, se um dia viéssemos a nos encontrar?

Postagens mais antigas

Postagens atuais

De olho no tráfico humano

Blog

http://www.deolhonotraficohumano.com.br

Favoritos

- Página inicial
- Sobre o blog
- Notícias
- Galeria de fotos
- Livro de visitas

Pesquisar no site

Contato

De olho no tráfico humano

Etiquetas

Página inicial | Mapa do site | RSS | Imprimir

A HISTÓRIA DE IVONETE*

Todos têm uma história para contar, algumas bem-sucedidas, outras nem tanto. A minha é daquelas que não se encaminham lá muito bem.

Sou a Ivonete. Sempre vivi com minha família e era feliz, apesar das nossas dificuldades, já que sempre fomos muito pobres.

Jovens adolescentes como eu conseguiam, no máximo, trabalhar em casas de família como domésticas, babás ou prestadoras de pequenos serviços. Não que essas profissões sejam ruins, mas eu sentia necessidade de encontrar uma atividade legal para poder ter e fazer tudo o que queria.

A situação dos adultos do lugar onde eu morava não era muito diferente: tinham de se contentar com empregos ruins e salários baixos. Não faltava quem se sujeitasse a ganhar pouco só para ter algum trabalho. Nunca entendi por que a vida tinha de ser difícil assim.

Como toda jovem, eu sonhava com a oportunidade de estudar e de conseguir um bom emprego para poder comprar uma casa, ter um carro e formar a minha família, de preferência ali mesmo onde morava. Acontece que, enquanto alimentava os meus sonhos, o tempo passava, e eu ficava cada vez mais angustiada.

Foi quando um acontecimento inesperado mudou para sempre a minha vida!

* Nota do editor: a história é fictícia.

Um convite: promessa de vida nova?

Certo dia, fui abordada por uma mulher muito bonita e bem-vestida que eu nunca tinha visto antes no bairro. A conversa que teve comigo foi rápida. Em resumo, ela me propôs um emprego incrível, com promessas de um futuro promissor e de um bom casamento.

Mal acreditei que aquilo pudesse ser verdade! Era tudo o que eu mais desejava! Perguntei-lhe qual era o tipo de emprego, e ela respondeu, sem muito rodeio:

– É um emprego em um restaurante fino.

– Restaurante fino? Onde? Para fazer o quê? – quis saber, interessada.

– Fora do Brasil – respondeu-me rapidamente a mulher, dando a entender que não queria estender a conversa. Disse que voltaria na semana seguinte para saber a minha resposta e foi embora sem deixar endereço ou número de telefone.

Finalmente, um dia, tomei coragem para procurar a tal mulher, que descobri chamar-se Charlene.

– Tudo certo! Podemos partir assim que quiser – eu disse, animada.

No dia combinado, um domingo, ela chegou de carro na minha casa trazendo uma mala cheia de roupas novas para mim. Foi só o tempo de me trocar e vestir uma daquelas lindas roupas. Despedi-me de meus pais, irmãos, parentes e amigos, com tristeza e muito choro.

Com a cabeça povoada de sonhos, o coração partido e o rosto banhado em lágrimas, deixei meus pais e amigos, o lugar sossegado em que eu vivia e parti para um país desconhecido.

Do aeroporto fomos direto para o local onde eu iria morar e trabalhar, um sobrado antigo, grande e imponente. O piso superior da residência servia de moradia. A parte de baixo, toda com chão de granito, funcionava como restaurante, bar e boate.

Na minha chegada, um homem que se apresentou como Tomás e que falava um pouco de português me recebeu, dizendo ser o responsável pela minha vinda.

Minha primeira decepção aconteceu quando Tomás perguntou:

– Você sabia que as despesas da viagem e as roupas que recebeu são por sua conta? – falou ele, seco e grosseiro.

– Não... – respondi, surpresa e chateada. – A Charlene não falou nada sobre isso. Para dizer a verdade, disse para eu não me preocupar com essas despesas.

– Sinto muito – disse Tomás. – Vamos descontar uma parcela do seu salário todo mês até que as despesas de viagem e de roupas sejam pagas. Mas, se trabalhar direitinho, além de pagar sua dívida, logo terá um bom dinheiro. Vai depender muito de você e do seu esforço.

Ele me acompanhou até o quarto e saiu.

Por sorte a minha companheira de quarto, a Josenilda ("mas pode me chamar de Josi"), também era brasileira. Ela já estava naquele país e no tal "bom emprego" havia dois anos.

Descobri que a história da Josi era bem parecida com a minha. Perguntei se gostava dali e o que fazia.

– Fazer programa não é nada bom, é degradante...

– Então, é para isso que estamos aqui? – perguntei, chocada. – E por que você não fugiu e voltou para casa?

– Bem que eu tentei! Mas sem passaporte e vigiada dia e noite por seguranças, quem disse que a gente consegue?

– Como assim?! – eu quis saber.

– Aqui somos tratadas como mercadoria – reclamou Josi, triste e zangada.

– Mas isso é escravidão! – disse eu, indignada.

– Com o tempo você vai perceber como isso aqui funciona. No começo, quando nos contratam, tudo parece uma maravilha, mas, quanto mais os dias passam, a gente vai tomando consciência da armadilha em que caiu.

– Armadilha? Será que eu entrei numa fria assim?! – perguntei, assustadíssima, sabendo, no fundo, que estava sem saída.

Será que aquelas jovens que sonharam, assim como eu, com um futuro melhor acabariam encontrando novamente a liberdade?

⇐ Postagens mais antigas

Postagens atuais ⇒

Comentários

9 COMENTÁRIOS

30 de outubro de 2013

Jô

Nunca pensei que isso pudesse acontecer, até ter visto uma história assim acontecer com uma amiga. Ela ainda está desaparecida...

30 de outubro de 2013

Alê

O tema é pesado, mas é necessário falar dele! Parabéns pelo *post*!

30 de outubro de 2013

Caio

Precisamos fazer alguma coisa pra acabar com isso!!!!

1 2 3 4...

← anterior próxima →

↑ topo

Juntos, os alunos da escola de Ensino Fundamental II escolheram alguns representantes de classe e criaram um grupo especial. Reuniram-se e prepararam, com sugestões de todos, um manifesto que ficou exposto no mural da entrada principal. Ele resultou também de conversas que alguns alunos tiveram, em uma ONG contra o tráfico de pessoas, com vítimas desse crime tenebroso que conseguiram voltar a ter uma vida... normal. Bem, não como antes, mas novamente junto à família e com o apoio dos que as amam.

Diz o manifesto preparado pelos alunos:

O tráfico humano, ou de pessoas, é uma prática abominável que deve ser combatida.

☺ Que nenhuma criança mais, a partir de agora, seja rejeitada ou tratada como se fosse mercadoria. Que ela seja sempre amada e apenas motivo de alegria.

☺ "Que todas as crianças sintam orgulho dos pais e deles recebam todo carinho e amor que merecem." (Jovem que vendeu o filho, ainda bebê, e conseguiu ajuda para achá-lo, trazendo-o de volta para casa.)

☺ "Que nenhum pai jamais venda um filho. Fazer isso, seja por qual motivo for, é algo que não se pode nem pensar. Sempre é possível buscar ajuda com pessoas boas, não com marginais." (Pai pobre que vendeu o filho a um traficante de pessoas e se arrependeu; felizmente conseguiu achar o filho com a ajuda de uma ONG e trazê-lo de volta para casa.)

☺ "Que muitos outros, como eu, sintam a alegria do reencontro com a família. Não há palavras para descrever isso." (Jovem sequestrada por uma rede de tráfico de pessoas e que conseguiu se libertar graças a uma ONG.)

☺ Que nenhum de nós fique de braços cruzados ao ver algum sinal dessa terrível realidade do tráfico humano. Sempre é possível fazer a coisa certa.

Em vez de ficar de braços cruzados, é preciso agir de modo positivo para mudar as coisas. E a ação, antes de tudo, pede que a pessoa acredite ser capaz de fazer a diferença.

Em seguida, é preciso definir qual é sua tarefa. Nada que seja perigoso demais ou que não consiga fazer. Desafios não faltam, e com certeza existe algum sob medida para você, "do seu tamanho".

Enfim, pense em como agir e faça tudo como se fosse impossível falhar.

"Agir é acreditar", como disse o novelista, biógrafo e músico francês Romain Rolland (1866-1944).

Que tal fazer agora uma lista de ações possíveis, além das que já vimos nas propostas dos grupos, para ajudar no combate ao tráfico de pessoas?

Impresso no Parque Gráfico da Editora FTD
Avenida Antonio Bardella, 300
Fone: (0-XX-11) 3545-8600 e Fax: (0-XX-11) 2412-5375
07220-020 GUARULHOS (SP)